¿Qué es una planta?

Louise y Richard Spilsbury

Heinemann Library
Chicago, Ilinois

Customer Service 888-454-2279
Visit our website at www.heinemannlibrary.com

Editorial: Kate Bellamy
Design: Jo Hinton-Malivoire and AMR
Illustration: Art Construction
Translation into Spanish produced by DoubleO Publishing Services
Picture research: Ruth Blair and Kay Altwegg
Production: Severine Ribierre

Originated by Repro Multi Warna
Printed in the United States of America in North Mankato, Minnesota.
042013   007309RP

ISBN-13: 978-1-4034-9069-8 (hb - library binding)
ISBN-13: 978-1-4034-9074-2 (pb)

Library of Congress Cataloging-in-Publication Data
Spilsbury, Louise.
  [What is a plant? Spanish]
  Que es una planta? / Louise y Richard Spilsbury.
      p. cm. -- (El mundo de las plantas)
  Includes index.
  ISBN 1-4034-9069-4 (hb - library binding) -- ISBN 1-4034-9074-0 (pb)
  1. Plants--Juvenile literature. 2. Plant anatomy--Juvenile literature. I. Spilsbury, Richard, 1963- II. Title. II. Series.
  QK49.S715818 2006
  580--dc22
                                        2006006412

Acknowledgements
The publishers would like to thank the following for permission to reproduce photographs:
Alamy pp. 11 (Robert Harding), 24 (The National Trust Photo Library), 9 (Photofusion picture library) 5, 7, 12, 16, 24, 25; Corbis pp. 13 (Patrick Johns), 4, 19, 28b, 28d, 29b, 29d; FLPA pp. 30 (David Hosking), 27; Getty Images pp. 4, 5, 14, 17, 18, 19, 20, 22, 23, 26, 28a, 28c, 28e, 29a, 29c, 29e (Photodisc); Holt Studios p. 8.

Cover photograph of a Pasque flower (*Pulsatilla vulgaris*) reproduced with permission of NHPA/Laurie Campbell.

Every effort has been made to contact copyright holders of any material reproduced in this book. Any omissions will be rectified in subsequent printings if notice is given to the publishers.

The paper used to print this book comes from sustainable sources.

Contenido

Algunas palabras están en negrita, **como éstas.**
Puedes encontrar lo que significan en el glosario.

¿Qué son las plantas?

Las plantas son seres vivos. Al igual que otros seres vivos, crecen, se alimentan y se reproducen.

plantas

árbol

arbusto

hierba y pasto

flores

Partes de las plantas

Las plantas pueden verse distintas, pero todas tienen las mismas partes. Ponemos las plantas en un mismo grupo porque la mayoría tiene **tallos**, hojas, flores, **raíces** y **frutos**.

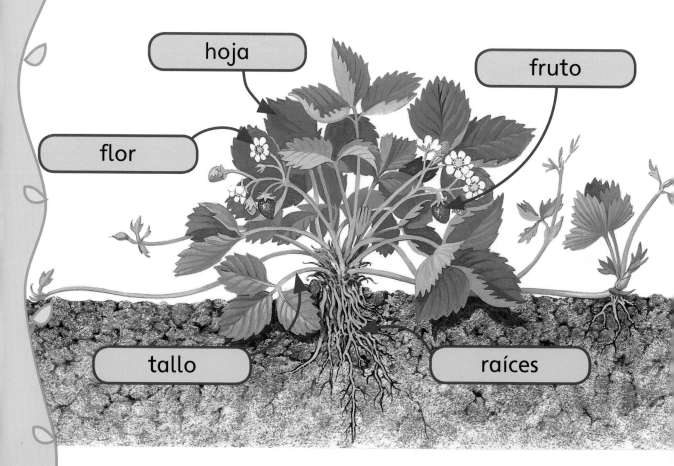

hoja

fruto

flor

tallo

raíces

¿Qué partes puedes ver en esta planta?

¿Qué son las raíces?

Las **raíces** son las partes de la planta que crecen bajo el suelo. Diferentes plantas pueden tener distintas raíces.

A menudo las raíces de las plantas son blancas como éstas.

raíces

Algunas plantas tienen muchas raíces pequeñas. Otras plantas tienen una raíz grande.

¡Las zanahorias son la raíz de una planta!

¿Qué hacen las raíces?

Las **raíces** realizan dos trabajos importantes. Las plantas necesitan agua para crecer. Los pelos de las raíces toman agua y **nutrientes** del suelo.

El agua viaja desde las raíces hasta otras partes de la planta.

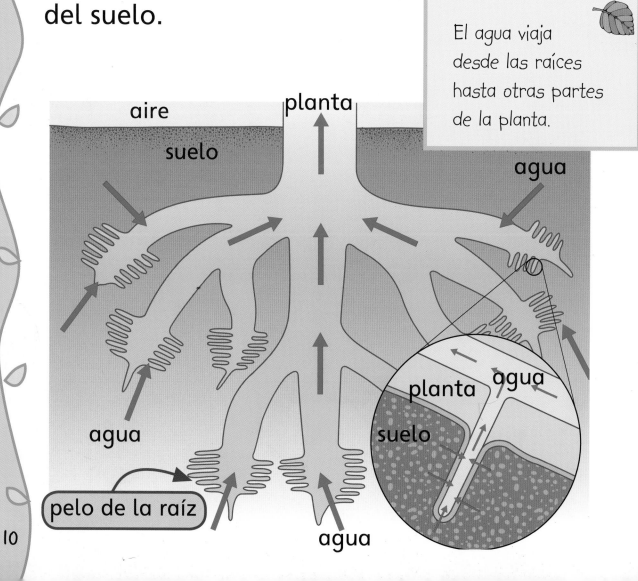

aire

suelo

planta

agua

agua

pelo de la raíz

agua

planta

agua

suelo

El otro trabajo que realizan las raíces es evitar que la planta se caiga. Las raíces sujetan la planta al suelo. Los árboles son muy pesados. Tienen raíces grandes y fuertes que los sujetan.

Las fuertes raíces no dejan que el viento derribe este árbol.

¿Qué son los tallos?

Los **tallos** son partes de la planta que crecen encima del suelo. Sujetan las hojas y las flores.

tallo

Esta planta tiene un tallo largo y recto.

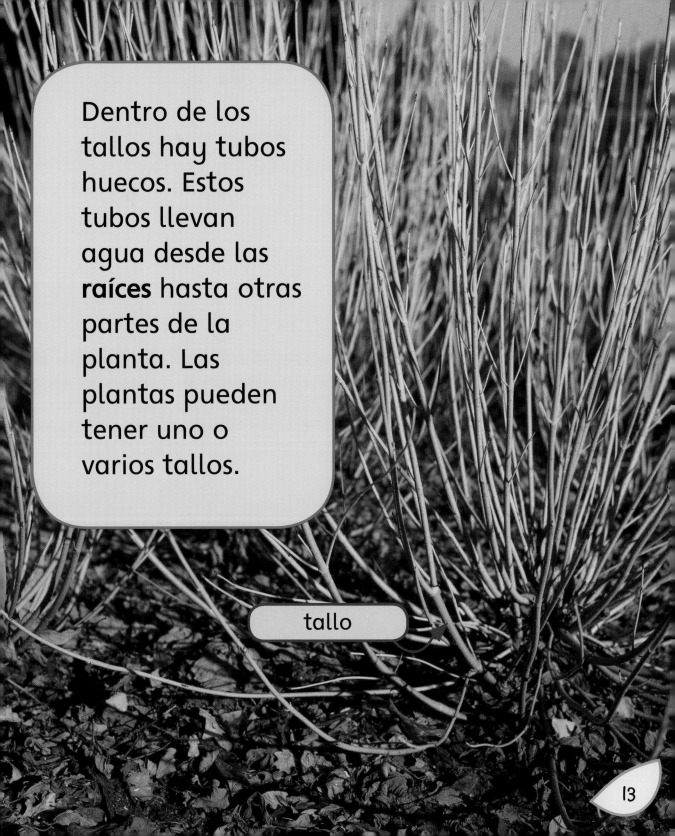

Dentro de los tallos hay tubos huecos. Estos tubos llevan agua desde las **raíces** hasta otras partes de la planta. Las plantas pueden tener uno o varios tallos.

tallo

Clases de tallos

Los **tallos** de los árboles son muy gruesos, altos y fuertes. Estos tallos especiales se llaman troncos.

El tronco de un árbol está cubierto por una capa gruesa que se llama corteza.

corteza

Algunas plantas tienen tallos delgados. Estos tallos no son lo bastante fuertes para sujetar la planta. Por eso, la planta trepa sobre otras plantas o palos.

tallo

Este tallo de hiedra terpa alrededor de un árbol a medida que va creciendo.

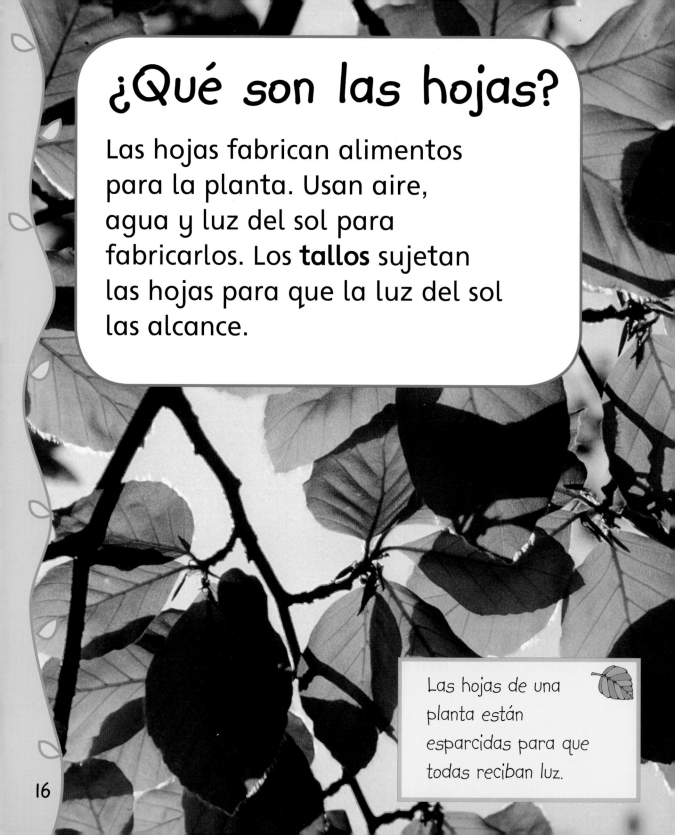

¿Qué son las hojas?

Las hojas fabrican alimentos para la planta. Usan aire, agua y luz del sol para fabricarlos. Los **tallos** sujetan las hojas para que la luz del sol las alcance.

Las hojas de una planta están esparcidas para que todas reciban luz.

El agua viaja desde las **raíces**, bajo tierra, hasta las hojas. El aire entra por pequeños agujeros que hay en el revés de la hoja.

Las líneas de esta hoja son como pequeños tubos huecos. Llevan agua a la hoja.

Observemos las hojas

Hay muchas clases de hojas.
Algunas hojas son anchas y
lisas. Estas hojas se caen de
las plantas en invierno.

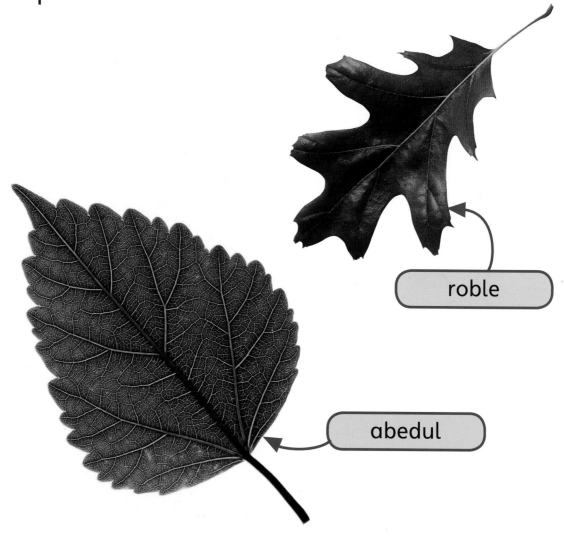

roble

abedul

Algunas plantas, como los pinos y los abetos, tienen hojas todo el año. Se llaman plantas de hoja perenne porque sus hojas no mueren. Estas hojas son largas y finas.

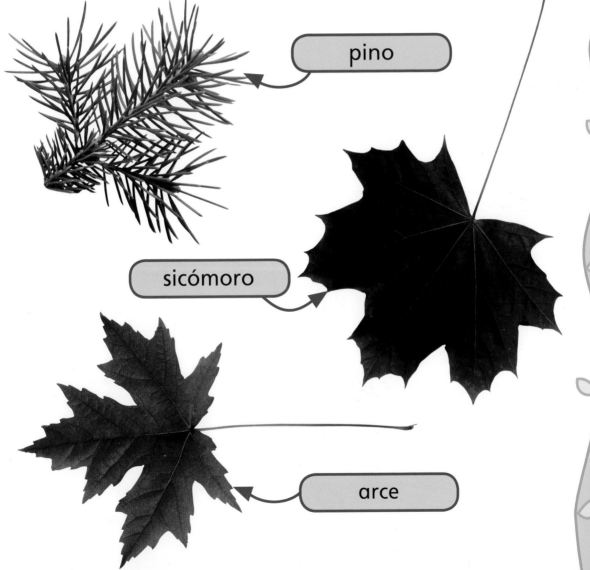

pino

sicómoro

arce

¿Qué son las flores?

Las flores crecen en los **tallos**. Empiezan siendo un **capullo** y al abrirse muestran muchos pétalos de **colores**.

Los pétalos de las flores pueden ser amarillos, rosados, rojos, violetas e, incluso, azules.

¿Puedes ver las semillas dentro de este girasol?

Las plantas usan las flores para fabricar **semillas**. Cuando las semillas comienzan a crecer dentro de la planta, los pétalos mueren y caen de la planta.

Distintos tipos de flores

Algunas plantas tienen flores grandes y otras flores pequeñas. Algunas sólo tienen una flor y otras tienen muchas flores.

Un tulipán tiene una flor que crece al final de un único **tallo**.

Algunas flores
crecen al final
de un tallo.
Otras crecen
a los lados
del tallo.

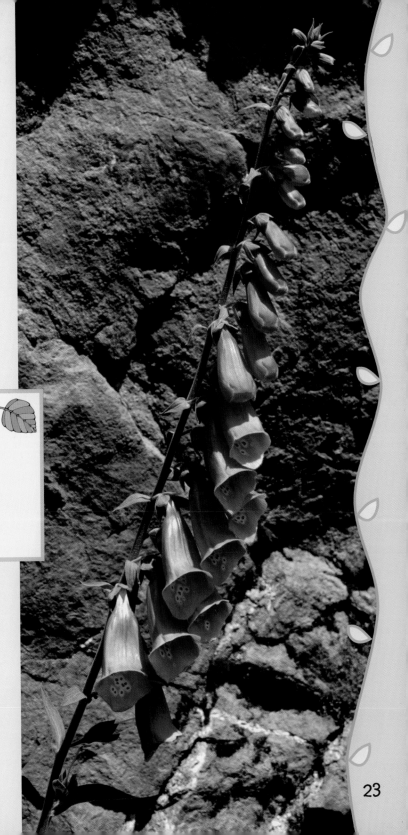

Las flores de una
dedalera crecen a
los lados del tallo.

23

¿Qué son los frutos?

Los **frutos** son las partes de la planta que contienen **semillas**. Las semillas pueden convertirse en plantas nuevas. Algunos frutos son blandos y jugosos. Otros son duros y secos.

El castaño de indias y el durazno son frutos porque los dos contienen semillas.

castaño de indias

durazno

Los frutos guardan las semillas mientras éstas crecen. El fruto se cae de la planta cuando las semillas han terminado de crecer. Entonces estas semillas pueden crecer formando nuevas plantas.

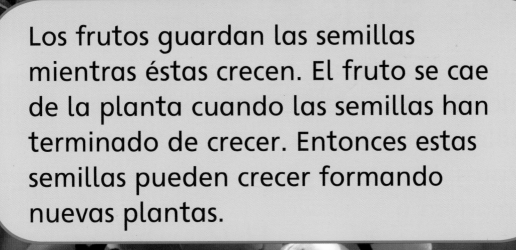

Los frutos del tomate comienzan verdes y se vuelven rojos cuando las semillas en su interior terminan de crecer.

¡Qué curioso!

Algunas plantas no dan **frutos** o flores como otras plantas. Las coníferas son árboles que dan conos en vez de flores o frutos. Los conos parecen de madera y tienen escamas.

Las **semillas** crecen entre las escamas del cono. Después el cono se abre y las deja caer.

escamas

Los helechos no tienen frutos ni flores. En lugar de semillas, tienen esporas. Los helechos y las coníferas son plantas porque fabrican alimentos en sus hojas, como hacen otras plantas.

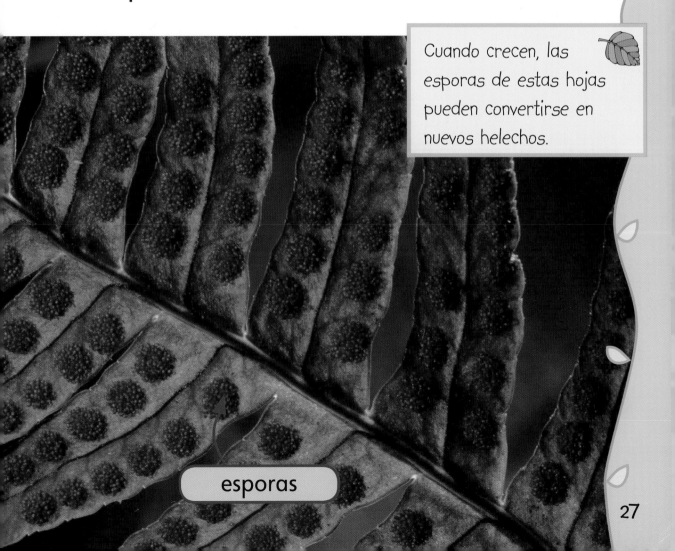

Cuando crecen, las esporas de estas hojas pueden convertirse en nuevos helechos.

esporas

¡Ahora te toca a ti!

Es bueno comer el **fruto** y otras partes de la planta. Te ayudarán a crecer. Debemos comer al menos cinco frutas y verduras diferentes cada día.

Éstas son algunas de las plantas que comemos. ¿Sabes qué parte de la planta es cada uno?

Estos grupos muestran qué parte de la planta es cada alimento. ¿Puedes pensar en otras plantas que comemos, que pueden ir en estos grupos?

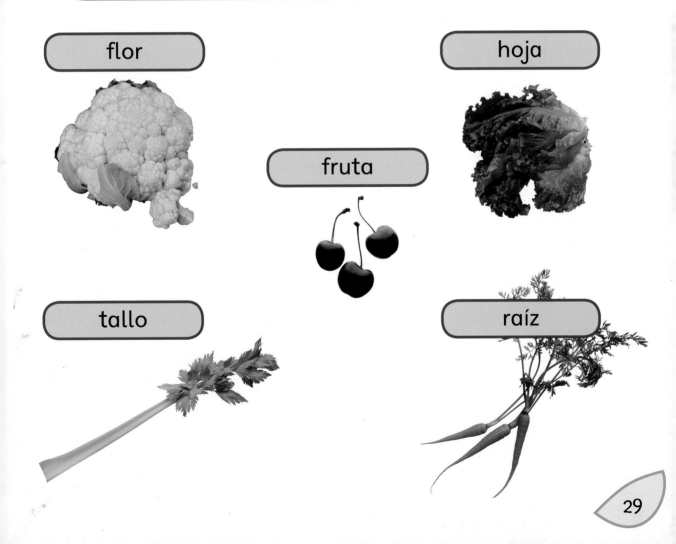

flor

hoja

fruta

tallo

raíz

¡Plantas increíbles!

La palmera de la rafia tiene hojas más largas que cualquier otra planta. Sus hojas crecen hasta alcanzar 65 pies (20 metros) de largo. ¡Eso es casi tan largo como dos autobuses!

Glosario

capullo parte de la planta que tiene hojas o flores muy pequeñas

fruto parte de la planta que guarda sus semillas

hierba planta que las personas no quieren o que no les resulta útil

nutriente sustancia que ayuda a plantas y animales a crecer sanos

pétalo parte de una flor

raíz parte de la planta que crece bajo el suelo y que toma agua y nutrientes de él

semilla parte de la planta que puede crecer y convertirse en una nueva planta

tallo parte de la planta en la que crecen hojas y flores

Más libros para leer

Mattern, Joanne. *How Peas Grow/Cómo crecen los guisantes.* Gareth Stevens Publishing, 2005.

Whitehouse, Patricia. *Las hojas.* Heinemann, 2002.

Kalman, Bobbie. *¿Qué son las plantas?* Crabtree Publishing Co., 2005.
Un lector mayor te puede ayudar con este libro.

Índice